CUPONES DE LA MEJOR EXPERIENCIA DE PAPÁ

EDICIÓN HIJA

Un Diario de Recuerdos de
Padre - Hija

Joy Holiday Family

No recordamos días, recordamos momentos.
Cesare Pavese

Copyright © 2021 by Joy Holiday Family
All rights reserved. No part of this book may be reproduced or used in any manner without written permission of the copyright owner except for the use of quotations in a book review.

Book Design by Joy Holiday Publishing LLC

ISBN 978-1-7362873-8-5

Images used under license from Canva.com

Captura los MOMENTOS mientras crea los RECUERDOS

¡Sabes que tu papá es especial, así que dale el regalo perfecto! Este libro es lo último en regalos de cupones para padres-hijas. Cincuenta y dos cupones reflexivos y entretenidos para que las hijas les den a sus padres. Cupones suficientes para tener uno para cada semana de todo el año.

Este diario de recuerdos está destinado a criar no sólo el regalo, sino también los reembolsos reales de los cupones. Este magnífico libro lleva la idea del cupón al siguiente nivel. Cada actividad está diseñada como un billete elegante. Los grandes billetes de cupón fáciles de leer y los rastrojos de canje están destinados a quedarse en el libro. Junto a cada página de cupón hay un espacio para colocar una foto y escribir lo que hicieron juntos.

También hay una página adicional de cupones más pequeños que replican los boletos más grandes que pueden recortarse como parte de la diversión. Este libro es la solución para libros de cupones o regalos no utilizados que no forman parte de una experiencia más amplia. Las familias pueden recordar todas las experiencias especiales que crearon juntas durante el año.

Con estos cupones, los papás pueden pasar tiempo de calidad con sus seres queridos y hacer las cosas que aman por su cuenta. Este libro incluye actividades para papás de todas las edades. Incluso hemos incluido algunas entradas adicionales en blanco, ya que conoces mejor a tu padre. ¿Es tu padre un entusiasta del paracaidismo, golfista o jugador? ¡Puedes completar el espacio en blanco!

¡Esperamos que use este libro para crear muchos momentos hermosos juntos!

Joy Holiday Family

MEJOR PADRE CUPÓN NO.01

DESAYUNO EN LA CAMA

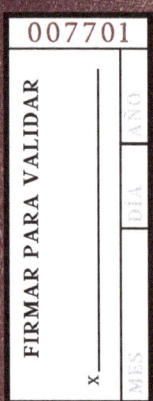

007701 — FIRMAR PARA VALIDAR — DÍA / MES / AÑO

MEJOR PADRE CUPÓN NO.02

SIESTA
sin interrupción

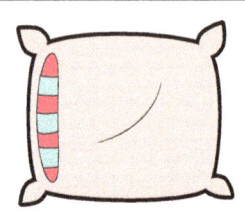

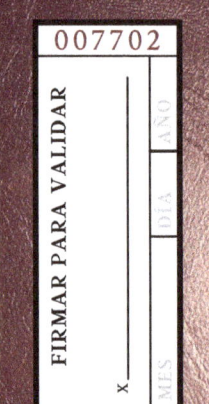

007702 — FIRMAR PARA VALIDAR — DÍA / MES / AÑO

MEJOR PADRE CUPÓN NO.03

DORMIR
sin ser molestado

007703 — FIRMAR PARA VALIDAR — DÍA / MES / AÑO

¿CÓMO NOS DIVERTIMOS?

¿Quién?

¿Qué?

¿Dónde?

MEJOR PADRE CUPÓN NO.04

 un día sin **QUEJARSE**

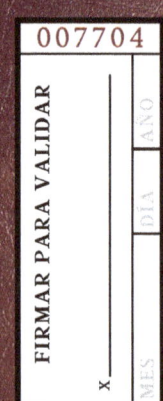
007704
FIRMAR PARA VALIDAR
x ___
MES | DÍA | AÑO

MEJOR PADRE CUPÓN NO.05

un día lleno de **ELOGIOS**

007705
FIRMAR PARA VALIDAR
x ___
MES | DÍA | AÑO

MEJOR PADRE CUPÓN NO.06

 LLAMARME "SEÑOR" todo el día, o de la forma que tu prefieras

007706
FIRMAR PARA VALIDAR
x ___
MES | DÍA | AÑO

¿CÓMO NOS DIVERTIMOS?

¿Quién?

¿Qué?

¿Dónde?

MEJOR PADRE CUPÓN NO.07

★ ★ ★ ★ ★ ★ ★ ★ ★ ★ ★

ASISTENTE PERSONAL
por un día

007707

FIRMAR PARA VALIDAR

x _____

DÍA | MES | AÑO

MEJOR PADRE CUPÓN NO.08

★ ★ ★ ★ ★ ★ ★ ★ ★ ★ ★

escuchar y reirse
DE UNA BROMA DE PAPÁ

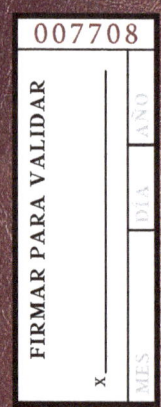

007708

FIRMAR PARA VALIDAR

x _____

DÍA | MES | AÑO

MEJOR PADRE CUPÓN NO.09

★ ★ ★ ★ ★ ★ ★ ★ ★ ★ ★

escuchar atentamente los
CONSEJOS DE PAPÁ

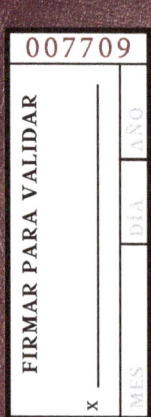

007709

FIRMAR PARA VALIDAR

x _____

DÍA | MES | AÑO

¿CÓMO NOS DIVERTIMOS?

¿Quién?

¿Qué?

¿Dónde?

MEJOR PADRE CUPÓN NO.10

darnos un
ABRAZO DE OSO

007710

FIRMAR PARA VALIDAR

x _____
MES | DIA | AÑO

MEJOR PADRE CUPÓN NO.11

FIESTA Y BAILE

007711

FIRMAR PARA VALIDAR

x _____
MES | DIA | AÑO

MEJOR PADRE CUPÓN NO.12

en casa y en el coche
DERECHO A SER DISC JOCKEY TODO EL DIA

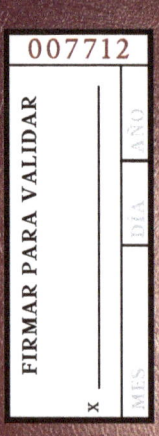

007712

FIRMAR PARA VALIDAR

x _____
MES | DIA | AÑO

¿CÓMO NOS DIVERTIMOS?

¿Quién?

¿Qué?

¿Dónde?

MEJOR PADRE CUPÓN NO.13

COCHE
limpieza interior del auto

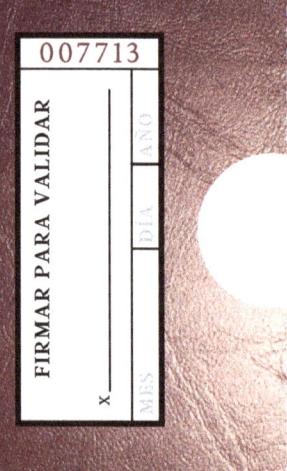

007713

FIRMAR PARA VALIDAR

x _____

MES | DIA | AÑO

MEJOR PADRE CUPÓN NO.14

COCHE
lavado a mano

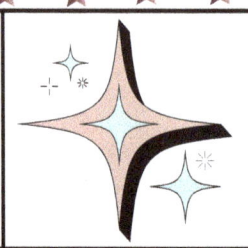

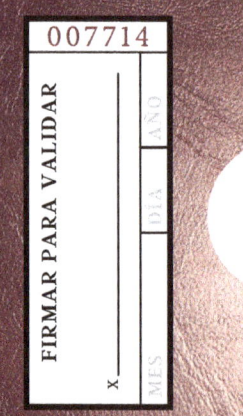

007714

FIRMAR PARA VALIDAR

x _____

MES | DIA | AÑO

MEJOR PADRE CUPÓN NO.15

ayuda en el trabajo
DEL JARDIN

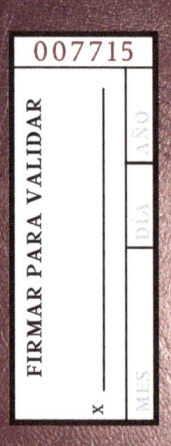

007715

FIRMAR PARA VALIDAR

x _____

MES | DIA | AÑO

¿CÓMO NOS DIVERTIMOS?

¿Quién?

¿Qué?

¿Dónde?

MEJOR PADRE CUPÓN NO.16

TIRAR LA BASURA

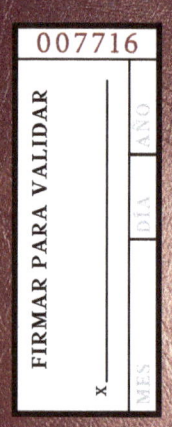

007716
FIRMAR PARA VALIDAR
x ___
MES | DIA | AÑO

MEJOR PADRE CUPÓN NO.17

IR A DAR UNA PASEO juntos

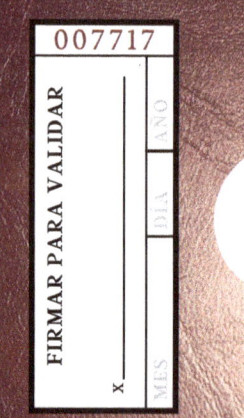

007717
FIRMAR PARA VALIDAR
x ___
MES | DIA | AÑO

MEJOR PADRE CUPÓN NO.18

TRABAJO EN EL EXTERIOR de tu elección

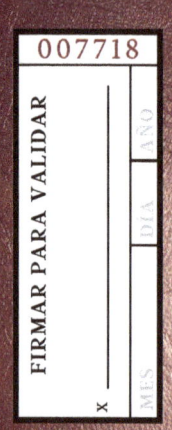

007718
FIRMAR PARA VALIDAR
x ___
MES | DIA | AÑO

¿CÓMO NOS DIVERTIMOS?

¿Quién?

¿Qué?

¿Dónde?

MEJOR PADRE CUPÓN NO.19

LAVAR, SECAR Y DOBLAR tu ropa

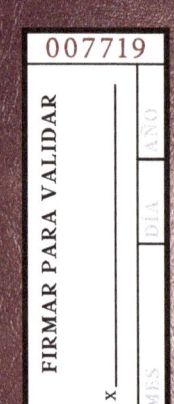

007719
FIRMAR PARA VALIDAR
x _____
MES | DIA | AÑO

MEJOR PADRE CUPÓN NO.20

LIMPIEZA de tu elección

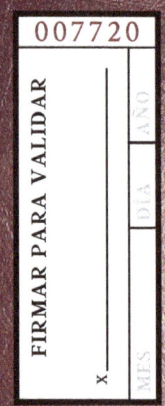

007720
FIRMAR PARA VALIDAR
x _____
MES | DIA | AÑO

MEJOR PADRE CUPÓN NO.21

ORDENAR tu _____

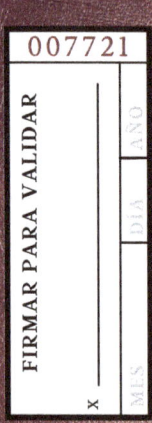

007721
FIRMAR PARA VALIDAR
x _____
MES | DIA | AÑO

¿CÓMO NOS DIVERTIMOS?

¿Quién?

¿Qué?

¿Dónde?

MEJOR PADRE CUPÓN NO.22

POSESIÓN DEL CONTROL REMOTO
por un día

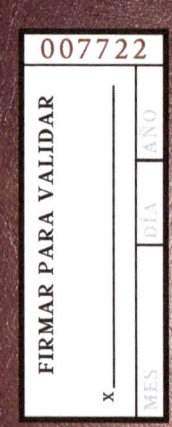

007722

FIRMAR PARA VALIDAR

x _____

MES | DÍA | AÑO

MEJOR PADRE CUPÓN NO.23

NOCHE DE CINE

pelicula de tu elección

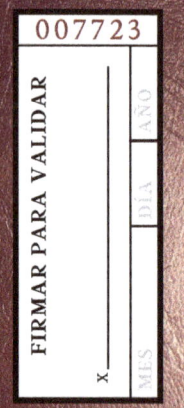

007723

FIRMAR PARA VALIDAR

x _____

MES | DÍA | AÑO

MEJOR PADRE CUPÓN NO.24

JUEGO ININTERRUMPIDO

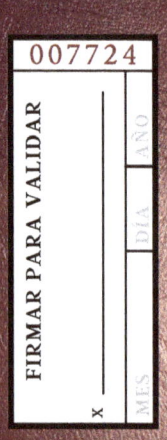

007724

FIRMAR PARA VALIDAR

x _____

MES | DÍA | AÑO

¿CÓMO NOS DIVERTIMOS?

¿Quién?

¿Qué?

¿Dónde?

MEJOR PADRE CUPÓN NO.25

JUEGO DE MESA
de tu elección

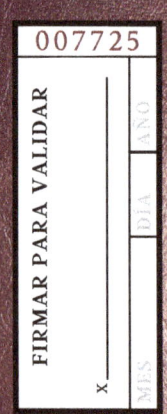

007725

FIRMAR PARA VALIDAR

x ___ MES ___ DIA ___ AÑO ___

MEJOR PADRE CUPÓN NO.26

JUEGOS AL AIRE LIBRE
de tu elección

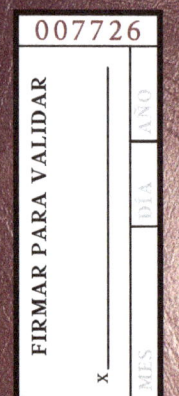

007726

FIRMAR PARA VALIDAR

x ___ MES ___ DIA ___ AÑO ___

MEJOR PADRE CUPÓN NO.27

VIDEOJUEGO
de tu elección

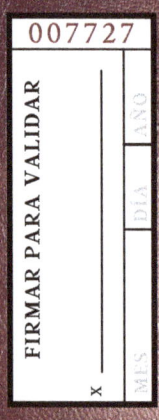

007727

FIRMAR PARA VALIDAR

x ___ MES ___ DIA ___ AÑO ___

¿CÓMO NOS DIVERTIMOS?

¿Quién?

¿Qué?

¿Dónde?

MEJOR PADRE CUPÓN NO.28

AVENTURA AL AIRE LIBRE

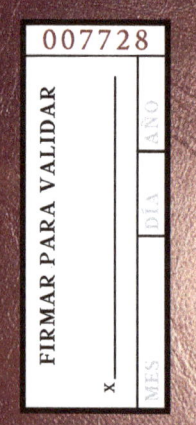

007728

FIRMAR PARA VALIDAR

MEJOR PADRE CUPÓN NO.29

CONSTRUIR ALGO JUNTOS

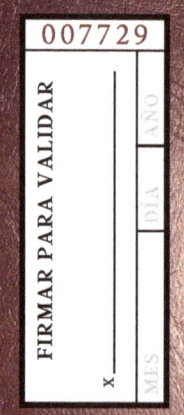

007729

FIRMAR PARA VALIDAR

MEJOR PADRE CUPÓN NO.30

ARREGLAR ALGO JUNTOS

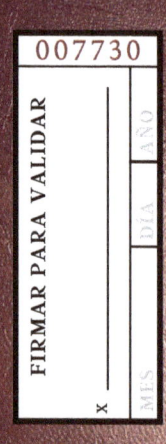

007730

FIRMAR PARA VALIDAR

¿CÓMO NOS DIVERTIMOS?

¿Quién?

¿Qué?

¿Dónde?

MEJOR PADRE CUPÓN NO.31

VER TU DEPORTE FAVORITO
en casa

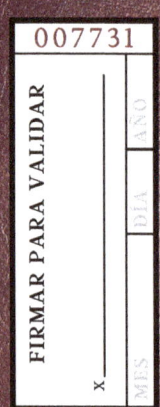

007731

FIRMAR PARA VALIDAR

x _____ MES DIA AÑO

MEJOR PADRE CUPÓN NO.32

VER TU DEPORTE FAVORITO
en persona

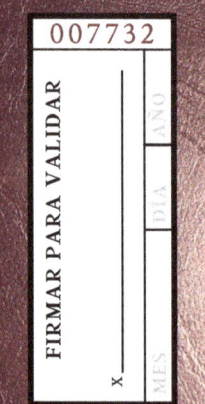

007732

FIRMAR PARA VALIDAR

x _____ MES DIA AÑO

MEJOR PADRE CUPÓN NO.33

JUGAR A LA PELOTA

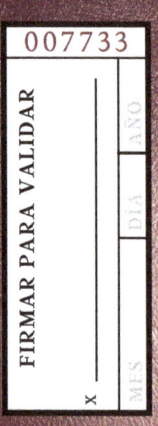

007733

FIRMAR PARA VALIDAR

x _____ MES DIA AÑO

¿CÓMO NOS DIVERTIMOS?

¿Quién?

¿Qué?

¿Dónde?

MEJOR PADRE CUPÓN NO.34

★ ★ ★ ★ ★ ★ ★ ★ ★ ★ ★ ★

COMIDA PARA LLEVAR
de tu elección

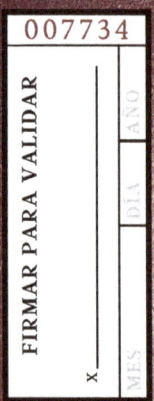

007734

FIRMAR PARA VALIDAR

x _____

DÍA | MES | AÑO

MEJOR PADRE CUPÓN NO.35

★ ★ ★ ★ ★ ★ ★ ★ ★ ★ ★ ★

COMIDA EN CASA
de tu elección

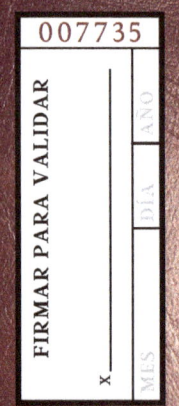

007735

FIRMAR PARA VALIDAR

x _____

DÍA | MES | AÑO

MEJOR PADRE CUPÓN NO.36

★ ★ ★ ★ ★ ★ ★ ★ ★ ★ ★ ★

ELABORACIÓN DE PIZZA CASERA
juntos

007736

FIRMAR PARA VALIDAR

x _____

DÍA | MES | AÑO

¿CÓMO NOS DIVERTIMOS?

¿Quién?

¿Qué?

¿Dónde?

MEJOR PADRE CUPÓN NO. 37

PREPARAR LAS GALLETAS PREFERIDAS
juntos

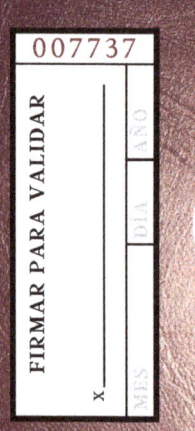

007737
FIRMAR PARA VALIDAR
x ___ MES / DIA / AÑO

MEJOR PADRE CUPÓN NO. 38

PREPARAR EL PASTEL FAVORITO
para ti

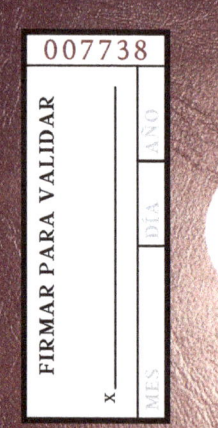

007738
FIRMAR PARA VALIDAR
x ___ MES / DIA / AÑO

MEJOR PADRE CUPÓN NO. 39

CAFE TU ELECCIÓN

007739
FIRMAR PARA VALIDAR
x ___ MES / DIA / AÑO

¿CÓMO NOS DIVERTIMOS?

¿Quién?

¿Qué?

¿Dónde?

MEJOR PADRE CUPÓN NO.40

RESTAURANTE
de tu elección

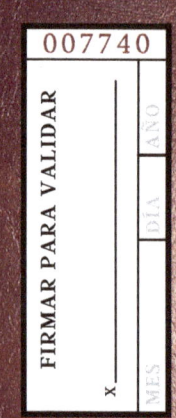

007740
FIRMAR PARA VALIDAR
x _____
MES | DIA | AÑO

MEJOR PADRE CUPÓN NO.41

salida a la
HELADERIA

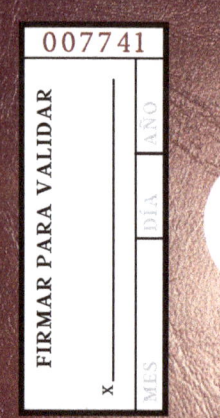

007741
FIRMAR PARA VALIDAR
x _____
MES | DIA | AÑO

MEJOR PADRE CUPÓN NO.42

ALMUERZO EN EL CAMIÓN DE COMIDA
de tu elección

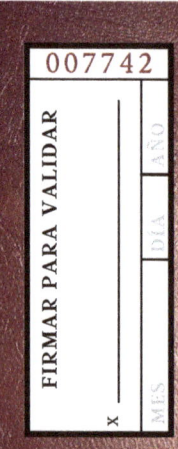

007742
FIRMAR PARA VALIDAR
x _____
MES | DIA | AÑO

¿CÓMO NOS DIVERTIMOS?

¿Quién?

¿Qué?

¿Dónde?

MEJOR PADRE CUPÓN NO. 43

RECOGER LA CORRESPONDENCIA DEL BUZÓN

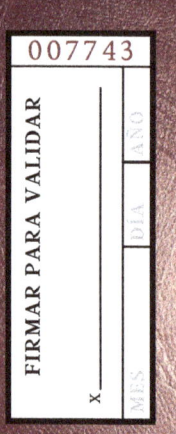

007743

FIRMAR PARA VALIDAR

x _____

MES | DÍA | AÑO

MEJOR PADRE CUPÓN NO. 44

HACER LOS DEBERES
sin quejarse

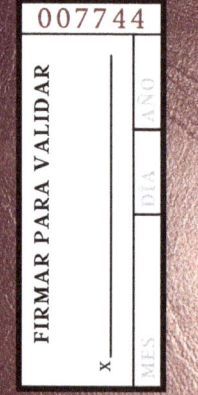

007744

FIRMAR PARA VALIDAR

x _____

MES | DÍA | AÑO

MEJOR PADRE CUPÓN NO. 45

ordenar el
CAJÓN DE LOS CALCETINES

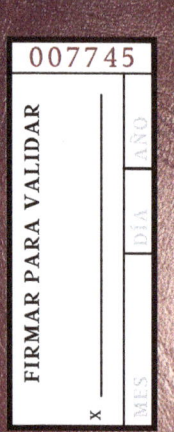

007745

FIRMAR PARA VALIDAR

x _____

MES | DÍA | AÑO

¿CÓMO NOS DIVERTIMOS?

¿Quién?

¿Qué?

¿Dónde?

MEJOR PADRE CUPÓN NO.46

★ ★ ★ ★ ★ ★ ★ ★ ★ ★ ★

ESCUCHAR UN AUDIOLIBRO
juntos

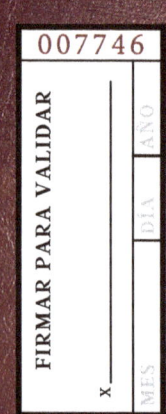

007746

FIRMAR PARA VALIDAR

x _____

MES | DÍA | AÑO

MEJOR PADRE CUPÓN NO.47

★ ★ ★ ★ ★ ★ ★ ★ ★ ★ ★

EJERCICIO FISICO DE TU ELECCIÓN
juntos

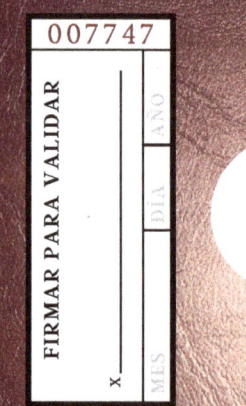

007747

FIRMAR PARA VALIDAR

x _____

MES | DÍA | AÑO

MEJOR PADRE CUPÓN NO.48

★ ★ ★ ★ ★ ★ ★ ★ ★ ★ ★

ir a una EXPOSICIÓN DE COCHES

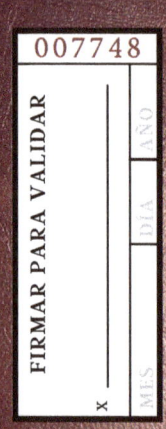

007748

FIRMAR PARA VALIDAR

x _____

MES | DÍA | AÑO

¿CÓMO NOS DIVERTIMOS?

¿Quién?

¿Qué?

¿Dónde?

MEJOR PADRE CUPÓN NO.49

derecho a escoger
EL PRIMERO EN EL CESTO DE CARAMELOS

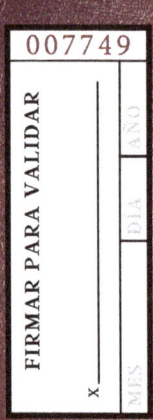

007749

FIRMAR PARA VALIDAR

x _____ MES / DÍA / AÑO

MEJOR PADRE CUPÓN NO.50

HACER UN MUÑECO DE NIEVE juntos

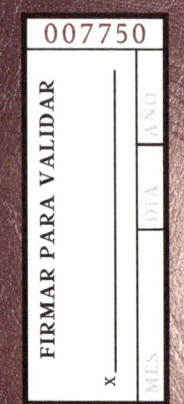

007750

FIRMAR PARA VALIDAR

x _____ MES / DÍA / AÑO

MEJOR PADRE CUPÓN NO.51

HACER HELADOS juntos

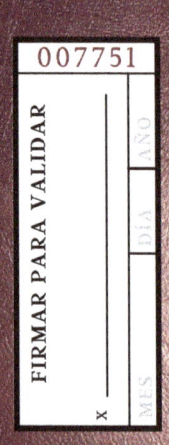

007751

FIRMAR PARA VALIDAR

x _____ MES / DÍA / AÑO

¿CÓMO NOS DIVERTIMOS?

¿Quién?

¿Qué?

¿Dónde?

MEJOR PADRE CUPÓN NO.52

Yo estaré encantado de:
_____
_____

007752
FIRMAR PARA VALIDAR
x_____
MES | DIA | AÑO

MEJOR PADRE CUPÓN NO.53

Yo estaré encantado de:
_____
_____

007753
FIRMAR PARA VALIDAR
x_____
MES | DIA | AÑO

MEJOR PADRE CUPÓN NO.54

Yo estaré encantado de:
_____
_____

007754
FIRMAR PARA VALIDAR
x_____
MES | DIA | AÑO

¿CÓMO NOS DIVERTIMOS?

¿Quién?

¿Qué?

¿Dónde?

www.ingramcontent.com/pod-product-compliance
Lightning Source LLC
Chambersburg PA
CBHW050805220426
43209CB00088BA/1637